모두의 집이 된 경복궁

처음부터 제대로 배우는 한국사 그림책 14

모두의 집이 된 경복궁_경복궁이 들려주는 조선 왕조 이야기

초판 1쇄 발행 2018년 12월 17일
초판 3쇄 발행 2023년 4월 7일

글 정혜원
그림 정경아

펴낸곳 도서출판 개암나무(주)
펴낸이 김보경
경영지원 총괄 김수현 **경영지원** 배정은
편집 조원선 오누리 김소희   **디자인** 이은주   **마케팅** 김유정

출판등록 2006년 6월 16일 제22-2944호

주소 서울특별시 용산구 한남대로40길 19, 4층(한남동, JD빌딩) (우)04417
전화 (02)6254-0601, 6207-0603   **팩스** (02)6254-0602   **E-mail** gaeam@gaeamnamu.co.kr
개암나무 블로그 http://blog.naver.com/gaeamnamu   **개암나무 카페** http://cafe.naver.com/gaeam

ⓒ 정혜원, 정경아, 2018
이 책의 저작권은 저자에게 있습니다. 저자와 출판사의 허락 없이 내용의 일부를 인용하거나 발췌하는 것을 금합니다.

ISBN 978-89-6830-490-3 74900
ISBN 978-89-6830-122-3 (세트)

이 도서의 국립중앙도서관 출판시도서목록(CIP)은 서지정보유통지원시스템 홈페이지(http://seoji.nl.go.kr)와
국가자료공동목록시스템(http://www.nl.go.kr/kolisnet)에서 이용하실 수 있습니다.
(CIP제어번호: CIP2018037111)

품명 아동 도서 | **제조년월** 2023년 4월 7일 | **사용연령** 10세 이상
제조자명 개암나무(주) | **제조국명** 대한민국 | **전화번호** 02-6254-0601
주소 서울특별시 용산구 한남대로40길 19, 4층(한남동, JD빌딩)

모두의 집이 된 경복궁

경복궁이 들려주는
조선 왕조 이야기

정혜원 글 정경아 그림

개암나무

경복궁은 바로 우리 왕조가 설 때
가장 먼저 자리를 잡은 정궁(正宮)*이다.
규모의 정대함이나 위치의 정제함에서
성인의 심법(心法)*을 우러러볼 수 있고,
신성한 기운이 모두 정도(正道)*에서 나와
팔도의 백성들이 모두 이 궁궐로부터 복을 입었다.

-《승정원 일기》(1865년 4월 2일) 중에서

정궁 임금이 사는 궁궐.
심법 마음을 쓰는 방법.
정도 바른 규칙.

북악산의 멧새들이 지저귀는 소리에
나는 아침 일찍 눈을 뜨고는 해.
조선의 역사가 시작된 뒤로
멧새들의 노랫소리는 단 한 번도 그친 적이 없었어.

수많은 사람들이 육조 거리를 오가던 때에도
전쟁의 불길에 휩싸여 잿더미가 되었을 때에도
멧새들은 변함없이 내 곁에 있어 주었지.
하지만 사람들이 도로를 내고 터널을 만들자,
더는 살지 못하고 하나둘 내 곁을 떠나갔단다.

육조 거리 조선 시대에 광화문 앞에 낸 큰길. 지금의 광화문 광장에 해당함.

내가 누구인지 궁금하다고?

나는 조선 시대에 임금들이 살았던 집이야.

궁궐이라고 부르지. 그 가운데서도 맏형 격인 경복궁이란다.

조선을 세운 태조, 조선 최고의 임금인 세종 대왕 등

임금들의 흔적이 크고 작은 전각*에 남아 있지.

너희에게 그 속에 깃든 이야기를 들려주려고 해.

나의 정문인 광화문으로 살며시 들어와 볼래?

이제 나와 함께 626년 전, 그때로 거슬러 올라가 보자.

전각 궁궐 안에 있는 건물을 일컬음.

1392년, 태조* 이성계는 고려를 무너뜨리고 조선을 세웠어.
새 나라의 기운을 불러일으키기 위해
도읍부터 새로 정하기로 했지.
충청도 계룡산 남쪽 마을인 신도안과 한양을 두고 고민하다
마침내 한양을 도읍으로 정했어.

태조 한 왕조를 세운 첫 임금에게 붙이던 묘호(이름).

한양은 나라의 중심에 있어서 어디든 오가기 쉽고
한강의 뱃길을 이용할 수 있어 교통이 편리했어.
또한 산으로 둘러싸여 외적의 침입을 막기에 유리했고,
평야가 드넓어 백성들이 농사짓기에 알맞았지.
태조는 먼저 조상들을 모시는 종묘를 세우고,
궁궐을 지을 곳을 찾았어.

옛사람들은 어디에 집을 짓느냐에 따라 집안의 행복과 불행이 결정되고 자손의 미래가 달라진다고 믿었어. 그러니 임금이 지낼 궁궐터 또한 함부로 정할 수 없었지. 태조는 신하인 정도전과 심덕부에게 궁궐을 짓기에 마땅한 곳을 찾으라고 명했어.

두 사람은 좋은 땅을 찾아 곳곳을 다녔고
마침내 북악산 아래에 궁궐을 짓기로 했단다.
인왕산과 낙산이 양옆에 우뚝 서 있고
앞으로는 청계천과 한강이 흐르니
그보다 좋은 명당이 또 없었지.

명당 후손에게 좋은 일이 많이 생기게 된다는 묏자리나 집터.

1395년에 드디어 나, 경복궁이 완성되었어.
태조 이성계를 도와 조선을 세운 정도전이
〈시경〉의 글귀를 빌려 와 내 이름을 지었단다.
'만년토록 오래오래 큰 복을 누리라'는 뜻이야.
정말 멋진 이름이지?
그러나 내 이름과 달리 조선의 출발은 순탄하지 않았어.
왕자들이 서로 권력을 차지하려고 난(난리)을 일으켜서
하루도 조용할 날이 없었지.
태조는 둘째 아들에게 임금의 자리를 물려주었어.
임금이 된 정종은 형제들끼리 싸운 한양이 싫어서
고려의 도읍이었던 개경으로 도읍을 옮겼어.
그럼에도 형제들의 다툼은 그치지 않았지.
결국 태조의 셋째 아들 이방원이 또 한 차례 난을 일으켜
임금의 자리를 차지했어. 바로 태종이란다.
태종은 너희들도 잘 아는 세종 대왕의 아버지야.
태종은 신하들의 반대를 무릅쓰고 다시 한양으로 도읍을 옮겼어.

시경 공자가 중국 고대의 시를 모은 책.

이제 나를 따라오렴.
중요한 역사가 깃든 건물들로 안내할게.
1418년 8월 10일, 세종이 근정전에서 즉위식*을 치렀어.
그날 신하들은 앞마당의 품계석*에 늘어서
새 임금의 건강과 어진 정치를 빌었지.
근정전은 나라의 큰 행사를 치르는 궁궐이야.
경복궁의 중심이자, 가장 웅장한 건물이지.
'근정(勤政)'이라는 이름에는
'나라를 부지런히 다스리고 보살펴야 한다'는 뜻이 담겨 있어.

즉위식 임금의 자리에 오르는 것을 백성과 조상에게 알리기 위하여 치르는 의식.
품계석 신하들의 품계(벼슬자리의 등급)를 새겨서 궁궐 앞뜰에 세운 돌.

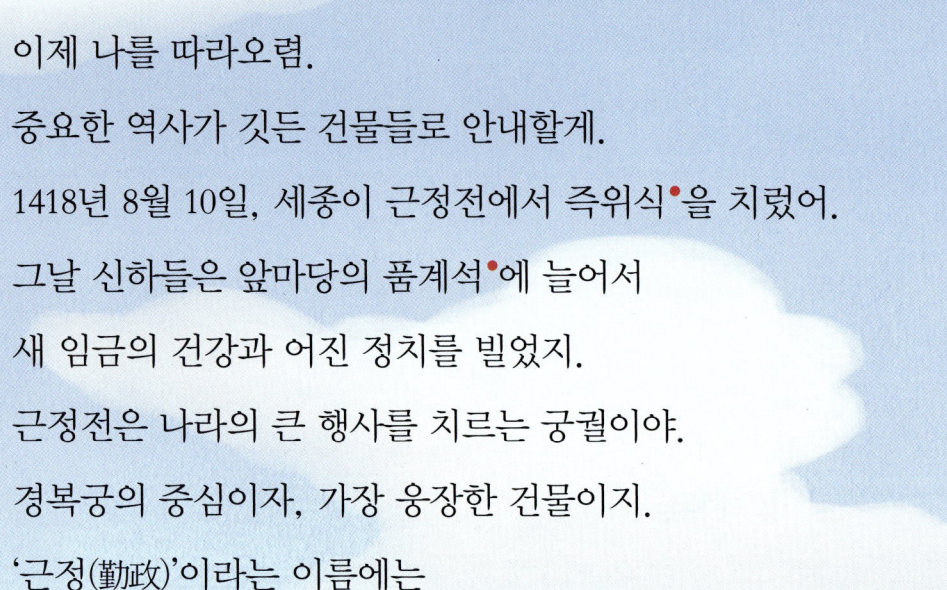

근정전 뒤편에는 사정전이 있어.
임금과 신하가 함께 나랏일을 돌보던 곳이란다.
1446년에 세종 대왕이 이곳에서 학자들과 함께
우리 고유의 문자인 한글을 반포했어.
농사에 필요한 기구를 제작하여
조선의 과학 발전에 이바지했을 뿐더러
어떤 외교 정책을 펼지도 신중히 의논했지.
1474년에 성종은 이곳에서 경국대전을 선포했어.
경국대전은 나라를 다스리는 큰 법전으로
관직, 신분, 세금, 형벌에 관한 내용이 담겨 있어.
법은 나라의 질서를 바로 세우는 기둥이므로
이때 조선의 기틀*이 마련되었다고 볼 수 있지.

기틀 어떤 일의 가장 중요한 계기나 조건.

사정전 담 너머로 수정전이 보이니?
수정전은 신하들이 모여 학문을 연구하던 곳이란다.
세종 대왕 때는 이곳을 집현전이라고 불렀지.
정인지, 성삼문, 신숙주, 박팽년 등이
세종을 도와서 밤낮으로 연구하여 한글을 탄생시켰어.
세종은 새벽까지 공부하다가 잠든 학자에게
용포˙를 벗어서 덮어 줄 만큼 학자들에게 극진했단다˙.
수정전은 훗날 홍문관으로 이름이 바뀌었어.
그러나 임금과 신하가 학문을 갈고닦는 전통은 계속 이어졌지.

용포 임금이 입던 의복.
극진하다 어떤 대상에 대하여 정성을 다하다.

1438년에 세종은 수정전 옆에 흠경각을 지었어.
그 안에 물시계인 자격루를 설치했단다.
장영실이 세종 대왕과 신하들 앞에서
자격루의 원리를 설명하던 모습이 지금도 눈에 선하구나.
큰 항아리에서 떨어진 물이 작은 항아리로 흘러들고
또 다른 항아리에 물이 차오르면 잣대가 구슬을 건드려.
구슬은 시간을 알려 주는 상자로 들어가서
종이나 북, 징을 울려 시간을 알리지.
장영실은 흠경각에서 앙부일구(해시계), 측우기(우량계˙),
간의·혼천의(천체 관측 기구) 등 다양한 과학 기구를 만들었어.
노비 신분을 뛰어넘을 만큼 재능 있는 과학자였지.

우량계 비가 내린 양을 재는 기구.

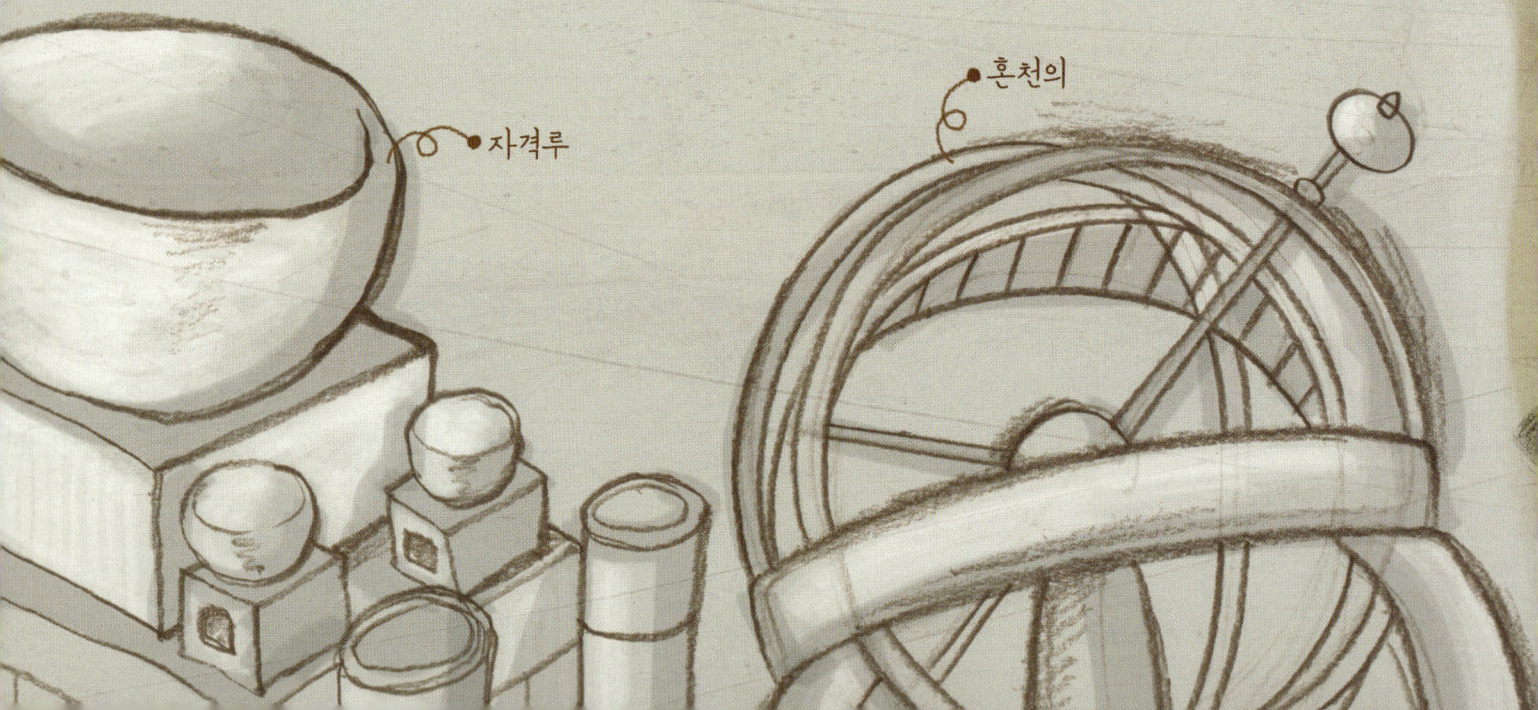

흠경각에서 그리 멀지 않은 곳에 깊고 넓은 연못이 있어.
연못 위에는 웅장한 누각이 떠 있지.
'좋은 일이 모인다'는 뜻을 지닌 경회루야.
이곳에서는 임금과 신하들이 휴식하거나
중국의 사신을 대접했어.
경치 좋은 경회루에서 좀 쉬었다 갈까?

경회루

성종의 아들 연산군은 경회루를 특히 좋아했어.

날마다 경회루 2층에서 잔치를 벌였지.

산해진미가 가득한 술상을 차려 놓고 춤과 노래에 취해 노느라

나랏일을 제대로 살피지 않았어.

결국 연산군은 임금의 자리에서 쫓겨나고 말았지.

임금은 백성을 보살필 줄 알아야 해.

그렇지 않으면 임금의 자리를 지키지 못할 뿐더러

역사에도 명예롭지 못한 기록을 남기게 된단다.

산해진미 산과 바다에서 나는 온갖 진귀한 것으로 차린 음식.

쉿, 이제 까치발을 들고 가만가만 따라오렴.
이번에 가는 곳은 임금이 주무시는 강녕전이니까.
밤이 깊었는데도 깊은 한숨이 끊이지 않아.
누구의 한숨 소리냐고?
바로 선조 임금의 한숨이란다.

강녕전

조선이 안정을 찾고
평화로운 나날이 이어지자
고인 물이 썩듯이 정치가 부패하기 시작했어.
신하들끼리 동인과 서인으로 편을 갈라
서로를 공격하며 세력을 다퉜지.

그 무렵 바다 건너 일본에서는
도요토미 히데요시가
조선을 침략할 기회를
호시탐탐 노리고 있었어.
선조는 사신 두 명을
일본으로 보내
정세를 살피도록 했어.

그런데 두 사람이 보고한
내용이 서로 달랐단다.
동인인 김성일은
일본이 쳐들어올 리 없다고 자신했고,
서인인 황윤길은 곧 전쟁이 일어날 거라며
대비해야 한다고 주장했지.
선조는 누구의 말을
들어야 할지 몰라 갈팡질팡했어.

그사이 일본은 700척의 배에 조총을 든 군사를 싣고
바다를 건너 조선으로 쳐들어왔어.
1592년, 임진왜란이 일어난 거야.
일본군은 부산성과 동래성을 단숨에 무너뜨리고
한양을 향해 거침없이 올라왔어.
선조는 적에 맞서 싸울 생각은 하지 않고
몇몇 신하들을 데리고 의주로 피난을 떠났어.
임금은 나라를 버렸지만 백성들은 그러지 않았어.
전국에서 들불처럼 일어난 이름 없는 의병들과
이순신 장군이 이끈 조선의 수군이
일본군에 맞서 치열하게 싸웠지.

전쟁이 터지고 얼마 지나지 않아
경복궁에 불길이 타올랐어.
아마도 성난 백성들이 벌인 일이었을 거야.
얼마나 뜨겁고 고통스러웠냐고?
내가 불타 버린 것은 대수롭지 않았어.
정작 가슴 아픈 것은
전쟁으로 가족을 잃은 백성들의 고통을
그저 바라볼 수밖에 없다는 것이었지.
죽은 어미의 품을 파고들던 아기의 울음소리가
아직도 귓가에 맴도는 듯하구나.
그때 백성들이 당한 고통을 떠올리면
지금도 목이 멘단다.

임진왜란 이후 임금들은 동쪽에 지은 별궁인 창덕궁에서 머물렀어.
조선 왕조가 끝날 때까지 창덕궁이 나의 자리를 대신했지.
선조의 아들 광해군은 임금이 되자 경덕궁과 인경궁을 새로 지었어.
광해군은 임진왜란 때 민심을 모으고 군사를 독려하는 등
많은 공을 세웠고 전쟁이 끝난 후에도 외교에 힘썼어.
그러나 새어머니 인목대비를 경운궁(지금의 덕수궁)에 유폐하는
불효를 저질러 임금의 자리에서 쫓겨났단다.

유폐 아주 깊숙이 가두어 둠.

석어당(덕수궁)

광해군은 중국의 명나라와 청나라 사이에서
어느 편도 들지 않는 중립 외교 정책을 펼쳤어.
그래서 두 나라와 평화로운 관계를 유지했지.
반면 광해군의 뒤를 이어 왕위에 오른 인조는
임진왜란 때 조선을 도운 명나라의 편을 들었어.
청나라는 그것을 꼬투리 삼아 조선에 쳐들어왔어.
1636년에 병자호란이 일어난 거야.
조선은 임진왜란이 끝나고 겨우 40년 만에
또다시 큰 전쟁을 치러야 했단다.

조선은 청나라에 패하고 말았어.
인조가 직접 나서서 청나라 황제에게 항복했지.
큰 전쟁을 두 번 치르는 동안 조선은 완전히 폐허가 되었어.
나도 모두의 기억 속에서 잊혔지.
전쟁이 끝나고 2백 년이 넘도록 어둠의 세월을 견뎌야 했어.
깨진 기왓장이 먼지와 나뒹굴고
주춧돌 위로 잡초가 수북이 자랐지.

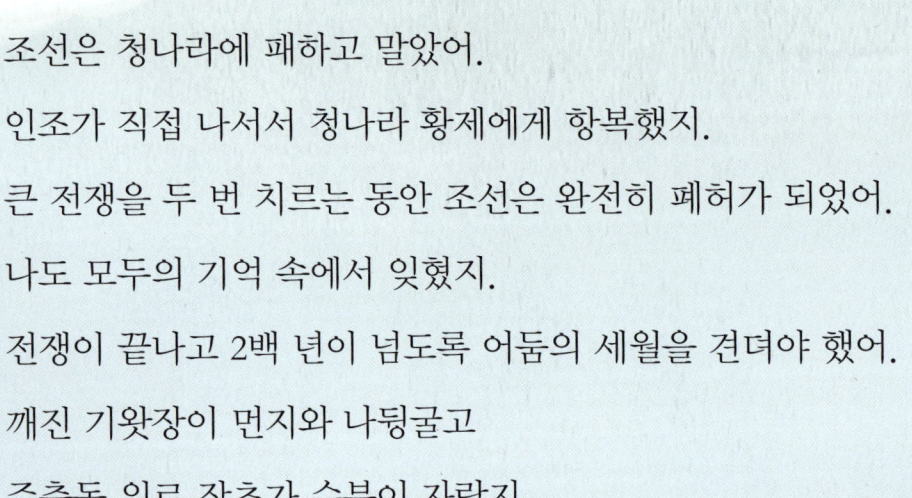

다행히 영조와 정조 때 조선에 새바람이 불었어.
영조는 당쟁*을 없애려 애썼고,
백성들의 세금을 줄여서 경제를 안정시켰어.
정조는 신분에 상관없이 인재를 등용하고
규장각(왕실 도서관)을 지어 학문을 발전시키는 데 힘썼지.
비록 나는 두 임금과 함께하지 못했지만
조선을 되살리려고 애쓰는 모습을 보는
것만으로도 뿌듯하고 눈물겹더구나.

당쟁 정치적인 뜻이 다른 신하들이 집단을 이루어 서로 다투는 일.

숭례문

그러나 정조 이후에 다시 암흑기가 찾아왔어.
왕비의 집안에서 마음대로 권력을 휘두르는 세도 정치를 했지.
탐관오리*의 횡포가 심해지자 참다못한 백성들은
죽음을 각오하고 전국 각지에서 봉기를 일으켰어.
한편 나라 밖에서는 서양의 강대국들이
식민지를 찾아 동양으로 몰려왔지.
우리 군사가 서양 군대에 맞서 싸웠다는
소식이 들릴 때마다 가슴이 철렁 내려앉았어.
임진왜란과 병자호란의 악몽이 떠올랐거든.

탐관오리 백성의 재물을 탐내어 빼앗는 관리.

조선이 안팎으로 혼란한 시기에 고종이 왕위에 올랐어.

당시 고종의 나이는 열두 살이었지.

아직 너무 어려서 아버지 흥선 대원군이 나랏일을 대신 돌보았어.

흥선 대원군은 세도 정치의 뿌리를 뽑기 위해

외척들을 조정에서 몰아내고

당쟁의 진원지였던 서원을 철폐했어.

또한 양반들에게도 세금을 내도록 명했지.

외세의 공격으로부터 조선을 지키기 위해

나라의 대문을 굳게 닫아걸기도 했어.

그리고 오랫동안 가슴에 품었던 꿈을 이루기로 했단다.

조선의 으뜸 궁궐인 나, 경복궁을 다시 짓기로 한 거야.

진원지 사건이나 소동을 일으킨 근원이 되는 곳.

흥선 대원군의 꿈은 예전처럼 왕권을 강화하는 것이었어.
그러려면 조선의 법궁인 경복궁을 되살려야 한다고 생각했지.
모처럼 궁궐 안에 활기가 넘쳤어.
목수와 일꾼들이 분주히 드나들었고,
곳곳에서 뚝딱뚝딱 망치 소리가 요란했지.

임진왜란으로 사라진 지 300여 년 만인
1867년에 나는 본래의 모습을 되찾았단다.
그러나 궁궐을 다시 짓는 데 엄청난 돈이 들었어.
흥선 대원군은 백성들에게 막대한 세금을 부과하여
돈을 마련했고, 그 때문에 민심을 잃고 말았지.

법궁 임금이 나랏일을 돌보며 주로 생활했던 궁궐.

그즈음 경복궁 깊숙한 곳에 자리한 교태전에서
때가 오기만을 조용히 기다리는 이가 있었어.
교태전의 주인이자 고종의 왕비인 명성 황후였지.
흥선 대원군이 물러나자 명성 황후는 정치에 적극 참여했어.
조선의 장래를 위해 외국과 손을 잡고
더 넓은 세상으로 나아가야 한다고 판단했지.
조선을 지키기 위해 나라의 문을 닫아걸었던
흥선 대원군과 정반대의 생각을 했던 거야.
이 때문에 두 사람은 사이가 좋지 않았어.

교태전

향원정

장안당(건청궁)

명성 황후는 1876년에 일본과 첫 조약(강화도 조약)을 맺은 후
미국, 독일, 러시아 등과 교류하기 시작했어.
서양의 새로운 문명과 제도를 본받기 위해서였지.
경복궁에 처음 전깃불이 들어온 것도 그 무렵이야.
향원정 연못에서 발전기를 돌려 전기를 만들었단다.
어느 틈에 일본은 세력을 점점 키워
호시탐탐 조선을 노리고 위협했어.
조선은 청나라와 러시아에 도움을 구했지만
진정으로 조선을 돕는 나라는 없었어.

나라 안팎이 어수선한데도 탐관오리들은 끝없이 욕심을 부렸어.
1894년에 전봉준을 중심으로 남도의 농민들이 모여
탐관오리와 외세를 몰아내자며 동학 농민 운동을 일으켰어.
조선은 동학 농민군을 막기 위해 청나라에 군대를 요청했고,
그 틈을 타서 일본도 조선에 군사를 보냈어.
두 나라는 조선에서 청일 전쟁을 벌였어.

전쟁에서 이긴 일본은 동학 농민군을 진압하고
조선의 정치에 관여하기 위해 갑오개혁을 꾀했어.
갑오개혁은 '노비 제도를 없앤다,
신분에 상관없이 인재를 뽑는다' 등의
조선을 발전시키는 내용도 담고 있지만,
결국 조선을 일본의 식민지로 만들려는
방편에 불과할 뿐이었지.

1895년 10월 8일 새벽,
어둠 속에서 총소리와 날카로운 비명이 들렸어.
화약 냄새와 피비린내가 콧속을 파고들었지.
광화문에서 시작된 총성은 어둠을 뚫고 궁궐 곳곳에 퍼져 나갔어.
일본은 고종과 명성 황후가 자고 있던 건청궁에 들이닥쳤어.
러시아를 끌어들여 자신들의 식민지 계획을 방해했다는 이유로
명성 황후의 목숨을 빼앗은 거야.

다른 나라의 왕비를 잔인하게 살해한 예는
전 세계 그 어떤 역사에서도 찾아보기 힘들어.
일본이 저지른 만행은 그만큼 끔찍한 것이었지.
나는 말문이 막힐 정도로 큰 충격을 받았어.
그 속에서 한 가지 깨달음을 얻었단다.
스스로 힘을 기르지 않고 남에게 의존하는 것은
언제든 바닥으로 떨어질 수 있는
아슬아슬한 줄타기를 하는 것과 다름없음을.

고종은 러시아 공사관으로 피신했다가 2년 뒤인 1897년,
대한 제국을 선포하고 황제의 자리에 올랐어.
일본은 1905년에 억지로 을사늑약을 맺어
대한 제국의 외교권을 빼앗았지.
고종은 조선이 자주 국가라는 사실을 알리기 위해
네덜란드의 헤이그에 특사를 보냈어.
그러자 일본은 고종을 자리에서 물러나게 하고,
몸과 마음이 약한 순종을 허수아비 황제로 세웠어.
1907년에는 조선 군대를 해산하여 대한 제국의 손발을 묶고,
1910년, 한일병합을 강제로 체결하여 국권을 완전히 빼앗았지.
일제 강점기라는 캄캄한 역사가 시작되었단다.

을사오적
일본의 편에 서서 을사늑약을 체결하는 데 앞장선 다섯 명의 매국노(나라를 팔아먹는 행위를 하는 사람).

권중현

박제순

일제는 조선을 식민지로 만든 뒤
우리의 소중한 문화유산들을 망가뜨리기 시작했어.
나도 큰 고통을 겪어야 했단다.
전각들을 마구 허물고 보란 듯이 서양식 건물을 세웠어.
1915년에는 '조선 물산 공진회'라는 박람회를 열고
일본 덕분에 조선이 이만큼 발전했다며 으스댔지.
궁궐이 모처럼 관광객으로 붐볐지만
나는 그 어느 때보다 쓸쓸했어.

일제는 창경궁마저 동물원으로 만들어 조선의 지위를 짓밟았어.
밤에도 전깃불이 들어와 환하게 빛났지만
내 마음은 텅 빈 것처럼 허전했단다.

일제가 나에게 한 가장 몹쓸 짓은 1926년에 광화문을 옮기고
그 자리에 조선 총독부를 세운 거야.
조선 총독부는 조선을 식민지로 만들기 위해
일본이 지은 통치 기관이란다.
광화문을 통해 세상과 소통하던 나는
졸지에 외톨이 신세가 되어 버렸어.
그때를 떠올리면 지금도 분해서 한숨이 나와.
근정문 너머로 보이는 조선 총독부는
마치 나를 가두는 감옥과 같았어.

일제는 우리 국민들의 땅과 재산을 함부로 빼앗고
남자들을 군인과 노동자로 부리기 위해 잡아갔으며
여자들을 일본군 '위안부'로 끌고 갔어.
나는 그 모든 상황을 지켜보며
피눈물을 쏟아 낼 수밖에 없었단다.

1945년 8월 15일,
사람들의 만세 소리가 하늘과 땅을 뒤흔들었어.
조선 총독부의 국기 게양대에 걸려 있던 일장기가
태극기로 바뀐 것을 보고 나는
우리나라가 일제에서 해방되었다는 것을 알았지.
종로 거리는 물론, 경복궁 앞길까지 사람들로 넘쳐 났어.
나도 목청껏 만세를 부르고 덩실덩실 춤도 추고 싶었지만
그럴 수 없었어.
식민지의 상징인 조선 총독부 건물이 남아서
대한민국 정부 청사로 쓰였거든.

그 뒤에 조선 총독부 건물은 국립중앙박물관이 되었어.
일제의 탄압을 상징하는 건물에
우리나라의 자랑스러운 국보와 보물을 전시하다니
참으로 이해할 수 없는 일이었지.
나는 가슴을 치며 한탄했어.

해방 후 50년이 흐른 1995년에
드디어 역사적인 일이 일어났어.
일제의 흔적을 말끔히 씻어 내기 위해
조선 총독부 건물을 철거한 거야.
나는 기쁨의 눈물을 흘렸어.
비로소 진정한 해방을 맞았다고 큰 소리로 외쳤단다.

광화문도 제자리로 돌아오고
경복궁 복원 공사에도 속도가 붙기 시작했어.
일제 강점기에 파괴된 건물 중 89동이 복원되었고,
2015년에는 수라간도 옛 모습을 되찾았어.
지금은 우리나라뿐 아니라 전 세계에서 찾아오는 관광객들로
광화문 문턱이 닳을 지경이란다.
궁궐에 사람들이 북적거려 성가시지 않냐고?
시간이 흐르면 세상도 바뀌어. 누구도 변화를 거스를 수 없지.
지난날 내가 임금의 집이었다면 지금은 온 국민의 집이란다.

수라간 임금의 음식을 짓는 주방.

만일 세종 대왕이 지금의 내 모습을 본다면 어떨까?

흐뭇한 얼굴로 고개를 끄덕이지 않을까?

내 친구 멧새들이 떠난 빈자리는

어느덧 아이들의 해맑은 웃음소리로 채워졌어.

선생님이 아이들과 함께 나를 둘러보며

역사를 되짚어 주는 모습을 보고 있으면

나도 모르게 환한 미소가 떠오른단다.

이제 큰 소리로 외치고 싶어.

애들아, 경복궁으로 놀러 오렴.

나는 너희들의 집이란다.

경복궁이 들려주는 조선 왕조 이야기

경복궁은 1392년 조선이 건국된 무렵부터 오늘에 이르기까지 우리 역사의 중심에 서 있어요. 조선을 대표하는 으뜸 궁궐, 경복궁을 통해 조선 왕조의 역사를 들여다보고 조선 시대의 궁궐을 요모조모 살펴봐요.

경복궁은 언제 어떻게 지어졌나요?

〈백악춘효도〉. 조선 말기에 안중식이 그린 경복궁 풍경.

고려의 장군이었던 이성계는 1392년에 조선을 건국했어요. 그로부터 2년 뒤 한양으로 도읍을 옮기고, 조선의 법궁인 경복궁을 지었어요. 청계천과 한강이 흐르고 드넓은 시가지가 자리한 북악산 아래에 자리를 잡았지요.

경복궁은 조선을 세우는 데 큰 공을 세운 재상 정도전이 책임을 맡아 지었어요. '경복'은 유교 경전인 〈시경〉에서 따온 이름으로, '오래오래 큰 복을 누리라'는 의미예요. 이밖에 여러 전각과 성문의 이름에도 유교의 정신을 담았어요. 임금과 신하가 나랏일을 돌보는 사정전은 '올바른 정치를 생각하라'는 의미이고, 임금의 침실인 강

녕전은 '늘 편안하라'는 뜻이에요.

경복궁에는 왕족이 생활하는 공간과 관리들이 일하는 공간, 휴식하는 공간 등이 있어요. 처음에는 전각과 행랑*만 있었는데, 태종이 후원인 경회루를 짓고, 세종이 신무문(북문) 등 여러 문과 다리를 지으면서 으뜸 궁궐의 면모를 갖추어 나갔어요.

재상 임금을 돕고 궁궐의 모든 관리를 지휘하던 벼슬.
행랑 대문간에 붙어 있는 방.

조선 왕조를 설계한 정도전

정도전은 태조 이성계를 도와 조선을 건국하는 데 앞장선 인물이에요. 고려의 부패한 불교 대신 유교를 국가 이념으로 내세워 백성을 위한 바른 정치를 하고자 이성계와 손잡았지요.

정도전은 조선을 세운 뒤 다방면으로 나서서 개혁하기 시작했어요. 귀족들이 사병(개인 병사)을 두지 못하게 막으며 국가의 권력을 키웠어요. 또 귀족들이 독차지했던 넓은 땅을 백성들에게 공정하게 나눠 주는 과전법도 만들었지요. 백성들이 자신의 땅에서 농사를 짓고 세금을 내자 나라의 경제가 안정되었어요.

정도전은 조선을 슬기롭게 다스리는 규범을 담은 《조선경국전》도 펴냈어요. 이 책은 훗날 조선의 최고 법전인 《경국대전》의 기초가 되었답니다.

충북 단양에 있는 정도전 동상.

경복궁에서는 어떤 일이 있었나요?

경복궁은 조선의 역사가 담긴 궁궐이라고 할 수 있어요. 법궁인 만큼 수많은 일들이 있었지요. 조선의 첫 임금인 태조 이성계의 아들들은 서로 왕이 되겠다며 경복궁에서 권력 다툼을 벌였어요. 두 차례에 걸친 왕자의 난 끝에 다섯째 아들 이방원(태종)이 형과 동생을 죽이고 왕위에 올랐어요. 태종은 전국을 8개의 도로 나누고 각 지방마다 관리를 보내 어명˙으로 다스렸어요. 또한 호패법(16세 이상의 남자에게 호패를 가지고 다니도록 하여 전국의 인구를 파악하고 세금과 군역을 부과한 제도)을 실시하여 체계적으로 세금을 거두고 왕권을 강화했어요.

세종 대왕 때에는 문화가 눈부시게 발전했어요. 세종 대왕은 경복궁 안에 천문 관측소인 흠경각을 짓고, 물시계인 자격루와 해시계인 앙부일구, 우량계인 측우기 등 농사에 필요한 여러 기구를 만들었어요. 1446년에는 집현전에서 학자들과 함께 우리 고유의 문자인 훈민정음을 만들어 반포했지요. 성종은 1474년에 조선의 최고 법전인 《경국대전》을 펴냈어요.

1592년, 조선에 왜군이 쳐들어와 임진왜란이 벌어졌어요. 경복궁은 이

어명 임금의 명령.

《경국대전》. 성종이 펴낸 조선 최고의 법전.

때 불에 타 잿더미로 변했어요. 그 후 300여 년 동안 빈터로 남아 있다가, 1867년에 흥선 대원군이 왕실의 권위를 되살리고자 다시 지었어요.

1895년, 일본이 경복궁의 건청궁에서 명성 황후를 시해°하는 끔찍한 만행을 저질렀어요. 1910년에 조선의 국권을 완전히 빼앗은 일본은 경복궁의 전각들을 허물고 서양식 건물을 세웠어요. 1926년에는 경복궁의 정문인 광화문을 옮기고 그 자리에 조선 총독부를 세웠지요. 광화문은 해방 후에도 제자리로 돌아가지 못했어요. 한국 전쟁 때에는 문루와 현판

시해 부모나 임금의 목숨을 빼앗음.

이 허물어지고 말았지요. 그 뒤 1995년에 조선 총독부가 철거되고 제자리를 되찾았어요. 2010년에 문루와 현판도 복원되었지요.

　1991년에 이르러 경복궁 복원 공사가 시작되었어요. 흥선 대원군이 복원할 당시의 모습을 되찾기 위해 시작된 공사는 2045년에 끝날 예정이에요. 지난 2010년까지 20년 동안 이루어진 1차 복원에서 89동의 건물을 고쳐 지어 경복궁의 뼈대를 갖추었어요. 지금은 80동의 전각들을 추가로 짓는 2차 복원 공사를 하고 있어요. 2015년에 궁궐의 주방인 소주방을 무사히 복원했답니다.

1900년대 광화문 모습.

경복궁을 지키는 4대문

경복궁은 동서남북으로 4개의 대문이 있어요. '건춘문'은 동쪽 문으로, 만물의 기운이 움트는 봄이 시작된다는 뜻이에요. 문 안쪽에는 왕세자가 지내는 춘궁이 있어서, 왕족과 궁녀들이 드나들었어요. '영추문'은 서쪽 문으로, 가을을 맞이한다는 의미예요. 임진왜란 때 불에 타 무너졌지만 고종 때 다시 세웠어요. 신하들이 궁궐 안팎을 오갈 때 주로 이용했지요. '광화문'은 남쪽 대문이자 경복궁의 정문이에요. '광화'는 왕의 큰 덕이 온 나라를 비춘다는 뜻이에요. 세 개의 문으로 이루어져 있으며, 가운데 문은 임금이 드나들고 양옆의 문은 왕세자와 신하들이 이용했어요. '신무문'은 북쪽 문으로, 북쪽을 지키는 신화 속 동물(신무)에서 이름을 따왔어요. 유일하게 백성들이 드나들었던 문이지요. 평소에는 문을 닫아 두었다가 전쟁 같은 비상 상황이나 임금이 농사를 장려하기 위해 행차할 때 이용했답니다.

2018년 12월부터 전면 개방되는 영추문.

근정전으로 알아보는 궁궐의 이모저모

근정전은 경복궁의 중심이 되는 궁궐이에요. 우리나라에서 가장 큰 목조 건물인 근정전을 통해 궁궐을 들여다봐요!

현판
나무에 한자를 새겨 어떤 전각인지 알 수 있게 걸어 둔 나무판이에요.

용마루
지붕의 중앙에 있는 가장 높은 수평 마루예요.

처마
단청으로 꾸민 기와지붕이에요. 단청은 벽, 기둥, 천장 등에 여러 빛깔로 그린 그림이나 무늬를 말해요.

해태 조각상
해태는 부정적인 것을 물리치는 신화 속 동물이에요. 신하들이 해태를 보면서 마음을 가다듬도록 궁궐 곳곳에 조각상을 놓았어요.

잡상
궁궐 지붕을 장식하는 동물 모양의 조각상이에요. 봉황, 용, 사자 등을 조각했지요. 궁궐을 보호하고 화재를 막는 의미가 담겨 있어요.

답도
임금이 가마를 타고 지나가는 계단이에요. 계단의 가운데 사각형 돌에는 봉황이 새겨져 있어요.

드므
궁궐은 목조 건물이어서 불에 약해요. 그래서 화재를 막기 위해 큰 그릇에 물을 담아 궁궐의 모서리마다 두었어요. 이 그릇을 '드므'라고 불러요.

어도
광화문부터 근정전, 강녕전, 교태전까지 일직선으로 이어진 길이에요. 임금이 거닌다는 뜻의 '어(御)'와 길을 의미하는 '도(道)'를 합해 어도라고 부르지요. 임금은 중앙에 난 길로 다녔고 신하들은 양옆의 길을 이용했어요.

경복궁 한눈에 살펴보기

경복궁의 전각들에는 조선 시대의 역사가 스며 있어요. 경복궁의 모습을 한눈에 살펴보고, 본문에 등장한 전각들의 위치도 확인해 봐요.

❶ 광화문
경복궁의 정문이에요. 왕의 큰 덕이 온 나라를 비춘다는 의미에서 이름 지었어요. 세 개의 대문 중 가운데 문은 임금만이 드나들었어요.

❷ 근정전
경복궁의 중심이 되는 정전이에요. 이곳에서 나라의 중요한 의식이나 행사를 치렀어요. '근정'은 부지런히 정치하라는 뜻이에요.

❸ 사정전
임금과 신하들이 나랏일을 의논하던 곳이에요. '사정'은 깊이 생각하고 바른 정치를 하라는 뜻이에요.

❹ 강녕전
왕의 침실이에요. '강녕'은 늘 편안하라는 뜻이에요. 왕이 곧 용을 뜻하므로, 다른 전각들과 달리 궁궐을 지키는 용마루가 없는 것이 특징이지요.

영추문

흥례문

조선을 대표하는 다섯 궁궐

조선에는 임금이 지내는 법궁인 경복궁과 법궁을 보조하기 위해 지은 네 개의 궁궐이 있었어요. 각 궁궐에 대해 알아봐요.

경복궁

태조 이성계가 조선을 세우고 가장 먼저 지은 궁궐이에요. 정문은 광화문이고 근정전, 사정전, 강녕전, 교태전 등의 여러 전각이 있어요. 임진왜란 때 모두 불에 타 사라졌지만 1867년에 흥선 대원군이 왕실의 권위를 높이기 위해 다시 짓기 시작했어요. 지금도 복원 사업을 통해 옛 모습을 되찾고 있어요.

경복궁의 정전 • 근정전.

창덕궁

1405년에 태종이 경복궁을 보조하기 위해 동쪽에 지은 별궁이에요. 정문은 돈화문이고 인정전, 희정당, 대조전, 선정전 등 여러 전각이 있어요. 임진왜란으로 불에 타 사라진 경복궁 대신에 조선 왕조가 끝날 때까지 정궁으로 사용했어요. 창덕궁은 옛 궁궐의 모습이 가장 잘 보존되어 있어서 1997년에 유네스코 세계문화유산으로 등재되었답니다.

창덕궁의 정전 인정전.

정전 왕이 나와서 조회를 하던 궁궐.

창경궁의 정전 명정전.

창경궁

1483년에 성종이 왕실의 웃어른을 모시기 위해 지은 궁궐이에요. 이후에 왕실 가족이 생활하는 공간으로 썼지요. 정문은 홍화문이고 명정전, 문정전, 환경전, 통명전 등의 여러 전각이 있어요. 1909년에 일제가 조선 왕실의 권위를 떨어뜨리려고 동물원과 식물원으로 만들었으나 해방된 후에 옛 고궁의 모습을 되찾았어요.

경희궁의 정전 숭정전.

경희궁

1617년에 광해군이 경복궁을 보조하기 위해 서쪽에 지은 궁궐이에요. 국가의 행사를 치르거나 나랏일을 관리하는 관청으로 쓰였지요. 정문은 흥화문이고 숭정전, 자정전, 융복전, 회상전 등의 크고 작은 전각들이 있었어요. 그러나 일제 강점기에 일본인들이 경성 중학교를 세우면서 그 모습을 잃었지요. 1988년부터 복원 사업을 시작해 지금은 숭정전, 자정전 등을 복원했어요.

덕수궁의 정전 중화전.

덕수궁

원래 성종의 형 월산 대군의 집이었으나 임진왜란 때 불에 탄 경복궁 대신 선조가 머무르며 정궁이 되었어요. 정문은 대한문이고 중화전, 즉조당, 함녕전, 석조전 등의 여러 전각이 있어요. 1895년에 경복궁의 건청궁에서 명성 황후가 시해되자 고종이 일본군을 피해 이곳으로 피신했어요. 그 뒤 대한 제국을 선포하고 황제 즉위식을 열었답니다.

작가의 말

조선의 역사, 경복궁을 기억해 주세요

여러분은 경복궁에 가 본 적이 있나요? 가 봤다면 그곳에서 무엇을 보았나요? 오래된 기와집과 담장, 커다란 연못을 보았다고요? 혹시 그것 말고 다른 것은 보지 못했나요? 그렇다면 제가 경복궁에서 본 것에 관해 들려줄게요.

저는 시간이 날 때마다 경복궁을 찾아가 이곳저곳 거닐곤 했어요. 머리를 곱게 빗은 듯 단정한 근정전의 기왓골, 비밀을 품은 것처럼 신비로운 강녕전의 문살, 거인의 다리처럼 튼튼하게 누각을 떠받든 경회루의 기둥을 둘러보면서 조선 시대를 상상했지요.

그래서였을까요? 언제부터인가 보이지 않던 것들이 보이기 시작했어요. 근정전 앞마당의 품계석에 늘어선 신하들이 보이고, 한껏 차려입은 임금과 왕비의 모습도 보였어요. 수정전에서 열심히 공부하고 토론하는 학자들과 경회루에서 긴 소매를 펄럭이며 춤추는 무용수들, 자경전의 꽃담을 따라 걸어가는 궁녀들의 모습도 영화의 한 장면처럼 눈앞에 펼쳐졌어요.

상상은 거기에서 그치지 않았어요. 후원을 걷고 있는데 어디선가 경복궁의 목소리가 들려왔어요. 경복궁은 내게 조선의 기나긴 역사를 이야기해 주었답니다. 태조 이성계가 한양에 도읍을 정하고 경복궁을 지은 일, 세종 대왕이 한글을 만들고 과학을 발전시킨 일, 성종이 조선 최고의 법전인 경국대전을 펴낸 일, 임진왜란으로 잿더미가 된 경복궁을 흥선 대원군이 다시 지은 일 등 지난 600여 년의 기억을 조곤조곤 풀어 놓았지요.

　조선 왕조가 무너지고 난 뒤 경복궁은 더 이상 사람이 살지 않는 곳이 되었어요. 그렇다고 경복궁의 가치가 사라진 것은 아니랍니다. 경복궁이 곧 조선의 역사이기 때문이에요. 경복궁에 살았던 수많은 사람들의 발자취와 숨결이 궁궐 곳곳에 여전히 남아 있어요. 경복궁이 제게 마지막으로 한 말이 있어요. 그 말은 제가 여러분에게 들려주고 싶은 말이기도 하답니다.

　"이제 경복궁은 우리 모두의 집이야. 햇살이 따사로운 봄날, 시원한 소나기가 지나간 여름, 단풍이 울긋불긋 물든 가을, 흰 눈이 주춧돌 위에 소복이 쌓인 겨울. 언제든 놀러 오렴. 내가 조선의 역사를 들려줄게."

2018년 12월에 정혜원

시간이 흐르면 세상도 바뀌어.
누구도 변화를 거스를 수 없지.
지난날 내가 임금의 집이었다면
지금은 **온 국민의 집**이란다.